AF290081

LA GUERRE DE VENDÉE

L'insurrection populaire de 1793

Par Mélanie Mettra
Sous la direction de Bruno Tabuteau

50MINUTES.fr

DEVENEZ INCOLLABLE
EN HISTOIRE !

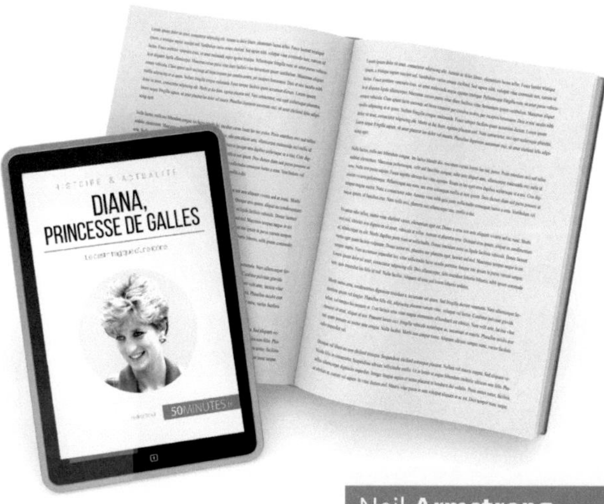

LA GUERRE DE VENDÉE

INTRODUCTION

La guerre de Vendée imprègne l'imaginaire depuis plus de deux siècles au travers d'une riche iconographie héroïque et réaliste. Les portraits des chefs vendéens et les scènes de bataille font le récit d'une période de trois ans s'étendant de 1793 à 1796, au cœur de la Révolution française. Le soulèvement des habitants des départements de l'Ouest de la France, surnommés à cette occasion la « Vendée militaire », contre les troupes républicaines symbolise toutes les contre-révolutions qui ont émaillé la fin du XVIIIᵉ siècle et le début du XIXᵉ.

Dans ces régions à forte tendance rurale, d'abord favorables aux premiers principes de la Révolution, l'importance de la religion catholique et le rejet de l'enrôlement forcé des hommes pour servir les guerres révolutionnaires font naître un sentiment communautaire très fort, à l'origine du conflit. Les populations de Vendée, mais aussi des départements traversés par la Loire, de

Bretagne et de Mayenne se réunissent en armées pour affronter les troupes républicaines dans une guerre civile opposant les « Blancs » et les « Bleus » dans des batailles courtes, violentes, marquées par une répression féroce exercée par les représentants de la Convention nationale. Les massacres, les épidémies et la lassitude ont toutefois raison des insurgés qui s'inclinent en 1796 face aux forces républicaines. De nouveaux soulèvements ébranlent encore l'Ouest en 1799, puis en 1815, mais en 1832, les tentatives de la duchesse de Berry (1798-1870) ne réussiront pas à réveiller une Vendée pour un temps pacifiée.

DONNÉES-CLÉS

- **Quand ?** De 1793 à 1796
- **Où ?** Dans les départements de l'Ouest de la France (Vendée, Deux-Sèvres, Maine-et-Loire, Loire inférieure – aujourd'hui Loire-Atlantique)
- **Contexte ?** La Révolution française (1789-1799)
- **Belligérants ?** Les insurgés vendéens, surnommés les « Blancs », contre les armées nationales républicaines, appelées les « Bleus »

- **Acteurs principaux ?**
  - Jean Nicolas Stofflet, général vendéen (1753-1796)
  - Jacques Cathelineau, généralissime vendéen (1759-1793)
  - François Athanase de Charette de la Contrie, généralissime vendéen (1763-1796)
  - Henri du Vergier, comte de La Rochejaquelein, généralissime vendéen (1772-1794)
  - Jean-Baptiste Kléber, général républicain (1753-1800)
  - Louis Marie Turreau, général républicain (1756-1816)
  - Lazare Hoche, général républicain (1768-1797)
- **Issue ?** Victoire républicaine
- **Victimes ?**
  - Camp des insurgés : entre 100 000 et 150 000 morts
  - Camp de l'armée républicaine : entre 50 000 et 150 000 morts

CONTEXTE POLITIQUE ET SOCIAL

LA MARCHE VERS LA RÉPUBLIQUE

Après l'effervescence des débuts de la Révolution, la France connaît rapidement des tensions religieuses, sociales et politiques extrêmes. L'espoir qu'a fait naître le mouvement révolutionnaire s'évanouit rapidement. Les changements tant promis ne se produisent pas et la population se montre très vite mécontente de la situation.

La constitution civile du clergé, votée le 12 juillet 1790 par l'Assemblée constituante, accroît davantage la colère du peuple. Ce texte, qui exige que les membres du clergé prêtent serment de fidélité à la Nation, à la loi et au roi, divise à la fois le clergé et la population. Les prêtres qui refusent de s'y plier – très nombreux dans l'Ouest de la France (environ 60 %) – sont désormais qualifiés de « réfractaires », mais ne subissent pas encore de sanctions. Certains considèrent d'ailleurs que cette nouvelle loi émane des protestants, ce qui ravive le conflit entre catholiques et protestants dans les régions où le maillage des églises constitue le cœur de la sociabilité.

Dans le même temps, le pays connaît des soulèvements populaires dus à des crises de subsistance. Le manque et la cherté des denrées attisent la colère de la population contre les aristocrates, les commerçants et les propriétaires accusés d'accaparer les vivres et de spéculer sur leurs ventes. Les biens ecclésiastiques, qui pouvaient parfois profiter aux populations rurales pauvres, ont été confisqués en 1789 et sont devenus des biens nationaux que les élites urbaines s'accaparent.

La politique est elle aussi agitée par des dissensions au sein de l'Assemblée constituante. Nombreuses, en particulier au sujet du statut du roi, ces tensions sont d'ailleurs à l'origine des notions politiques de droite, de gauche et de centre. Au printemps 1791, un décret empêche Louis XVI (1754-1793) de s'éloigner de Paris. La famille royale passe outre et, dans la nuit du 20 au 21 juin, s'enfuit en direction de Montmédy, espérant soit y lever des troupes pour marcher sur Paris soit passer la frontière. Cette fuite provoque la radicalisation du mouvement révolutionnaire et exacerbe le nouveau sentiment républicain, sentiment que l'Assemblée constituante ne partage pas. Pris à Varennes, ramené à Paris et rétabli dans ses pouvoirs par l'Assemblée, Louis XVI accepte la Constitution le 13 septembre 1791 : la France devient dès lors une monarchie constitutionnelle. Mais les rapports entre le roi et les députés restent tendus. La situation est aggravée par la guerre contre les Prussiens et les Autrichiens qui reçoivent le soutien du roi et dont les troupes s'approchent dangereusement de la capitale.

Au printemps 1792, l'Assemblée législative promulgue des décrets au sujet :

- des prêtres réfractaires qui sont désormais pourchassés ;
- de la liquidation de la garde royale ;
- de la convocation d'une nouvelle fédération.

Le roi y appose son veto, soulevant la Commune insurrectionnelle dont l'assaut est donné aux Tuileries et qui désire obtenir la déchéance du roi (9-10 août 1792). La nouvelle Assemblée législative suspend les pouvoirs du monarque et, le 13 août, la famille royale est enfermée au Temple. Mais la lenteur des mesures prises par l'Assemblée et la marche inexorable des troupes ennemies entraînent un déchaînement de violence dans la capitale française, épisode connu sous le nom de « massacre de septembre ». Le 22 septembre 1792, la République est proclamée.

LA TERREUR ET LA POLITIQUE DE LA RÉPRESSION

La nouvelle Assemblée appelée la Convention connaît, comme sa prédécesseure, l'agitation et les divergences entre de nouvelles forces politiques, les brissotins (appelés à partir du milieu du XIXe siècle les « girondins ») d'une part et les montagnards d'autre part. Elles s'affrontent dans les tribunes, sous la pression d'une population parisienne active et virulente regroupée dans les groupes politiques que sont les sections. Outre la rédaction d'une nouvelle constitution, la Convention a la lourde tâche de présider au destin de Louis XVI. Le 7 novembre 1792, Jean-Baptiste Mailhe (1750-1834), rapporteur du Comité de législation de l'Assemblée, demande le procès du roi. Après des débats houleux quant à l'inviolabilité du corps du roi, l'acte d'accusation est adopté et Louis XVI comparaît devant la Convention le 11 décembre. Là encore, les membres de l'Assemblée s'opposent, entre les montagnards qui souhaitent la mort du roi et les Girondins – entre autres –, qui craignent les conséquences d'une telle issue. Le 15 janvier 1793 a lieu le vote sur la culpabilité et la peine du monarque. Si la quasi-totalité des députés répond par l'affirmative à la culpabilité, la mort est votée à 433 voix contre 288. Le roi est guillotiné le 21 janvier.

La Convention reprend ensuite son travail sur une nouvelle constitution. Mais les troubles populaires, la crainte d'une martyrisation du roi défunt, la guerre contre les royaumes européens ébranlés par l'exécution du monarque français fragilisent la République, qui se crispe sur ses positions et radicalise son action. Le Comité de salut public, chargé de diriger la politique dictée par la Convention, est créé le 6 avril 1793, tandis que le Comité de sûreté générale, mis en place par l'Assemblée législative en 1792, s'occupe des arrestations, des mises en liberté, des procédures de jugement devant le Tribunal révolutionnaire, institué le 10 mars 1793, qui juge les crimes contre-révolutionnaires. Fidèle dans les premiers temps à certains des principes judiciaires de la Constituante, il est réorganisé en juin 1794. Disparaissent alors les défenseurs des accusés, les recours aux témoins ; la sanction est simple : acquittement ou condamnation à mort. Au niveau local, il est, avec les comités révolutionnaires, les commissions militaires, puis les représentants en mission, l'un des instruments de la Terreur (politique systématique de répression extrême visant à éradiquer tous les ennemis de la République sur l'ensemble du territoire français).

Mais des dissensions, aussi bien au sujet de la répression forcenée que de la politique économique, secouent le Comité de salut public et l'Assemblée. Le 9 thermidor (27 juillet 1794), Maximilien de Robespierre (homme politique français, 1758-1794), hué à la Convention pour son soutien à la Terreur, est arrêté après le vote d'un acte d'accusation à son encontre. Il est exécuté dès le lendemain. S'ensuit une épuration des proches et du personnel robespierristes, dont Jean-Baptiste Carrier (1756-1794), le représentant en mission à Nantes, qui y a perpétré des noyades et des fusillades massives. Les comités et tribunaux révolutionnaires sont destitués et les suspects sont pour la plupart libérés. La possibilité d'un retour des émigrés (des nobles surtout qui, craignant pour leur vie, s'exilent dans les cours européennes) partis après le 31 mai 1793 est votée le 10 janvier 1795 et la liberté de culte est rétablie le 21 février. Destinées à rétablir une République plus pacifique, ces mesures ont pourtant pour effet d'encourager les violences contre-révolutionnaires contre les acteurs, réels ou simples suspects, de la Terreur. La République thermidorienne (1794-1799), pourtant soucieuse de tempérance, doit à son tour faire face à la répression des soulèvements de la Terreur blanche (c'est-à-dire celle exercée par les royalistes).

Le 22 août 1795, la Convention adopte la nouvelle Constitution. La France entre alors dans le Directoire (1795-1799), dont le leitmotiv est la pacification et le rétablissement de l'ordre civique et politique dans le pays, assorti d'une politique économique plus libérale.

LA FRANCE EN GUERRE

À partir de 1792, non contente de faire face aux guerres intestines, la France doit également affronter des ennemis à ses frontières. Le 20 avril 1792, l'Assemblée législative déclare la guerre à l'Autriche.

Jusqu'au mois d'août, l'armée française, qui se bat aux frontières du Nord, est tenue en échec par les armées austro-prussiennes. Le duc de Brunswick (général prussien, 1735-1806) prend Verdun le 2 septembre 1792, ouvrant ainsi la route vers Paris. La victoire française à Valmy le 20 septembre arrête leur progression et libère Verdun. Dans le Sud de la France, c'est la Savoie puis le comté de Nice qui sont occupés et rattachés à la France.

La Prusse et l'Autriche, rejointes en 1793 par l'Angleterre, la Hollande puis l'Espagne, le Portugal, la Sardaigne, les Deux-Siciles et les États pontificaux, forment une première coalition. Elle maintient la France en échec jusqu'à l'automne 1793. Mais celle-ci remporte les batailles de Hondschoote (8 septembre), de Wattignies (15-16 octobre) et de Fleurus (26 juin 1794), conquérant ainsi la Belgique et la Hollande et provoquant la fin de la première coalition.

L'Autriche et l'Angleterre quant à elles ne quittent pas le théâtre de la guerre, mais la première est mise à mal par les troupes de Napoléon Bonaparte (futur empereur des Français, 1769-1821) lors de la campagne d'Italie (1796-1797) et finit par signer le traité de Campoformio le 18 octobre 1797, qui met fin une première fois à la guerre franco-prussienne. La seconde reste seule en lice. Elle ne tarde pas à reformer une deuxième coalition dès 1798 et ce jusqu'en 1799. À partir de 1800, l'Angleterre se trouve à nouveau seule pour combattre après la capitulation de ses alliés.

Cette guerre quasi permanente pose le problème crucial du recrutement des troupes. En 1790, l'armée royale française est en effet déficiente : de nombreux soldats ont déserté et beaucoup d'officiers ont émigré. La Constituante organise par conséquent des levées de volontaires, d'abord parmi les gardes nationaux (corps créé en 1789) puis parmi la population civile. Au fil des années celles-ci se multiplient et s'intensifient, reposant de moins en moins sur le volontariat et de plus en plus sur la réquisition et l'impopulaire tirage au sort. En février 1793, chaque département se voit imposer un ratio d'hommes célibataires ou veufs âgés entre 18 et 40 ans parmi lesquels elle pourra puiser. En août 1793, ce sont tous les célibataires et veufs de 18 à 25 ans qui sont réquisitionnés. Deux ans plus tard, la conscription est mise en place : tous les hommes sont, à l'âge de 20 ans, inscrits sur des rôles d'engagement jusqu'à leurs 25 ans, ce qui signifie qu'en temps de guerre, ils peuvent être appelés à tout moment. Cette mesure très impopulaire est à l'origine de nombreuses émeutes et d'actes de résistance dans la population et dans l'armée elle-même, qui connaît bon nombre de désertions.

Dans une Vendée déjà frémissante des mécontentements liés à une répartition des impôts injuste et à la Constitution civile du clergé, qui rencontre une opposition farouche, la levée en masse du mois de mars 1793 exigée par la Convention met le feu aux poudres et marque le début de ce qui a été appelé la guerre de Vendée.

Le recrutement des soldats

Reposant d'abord sur le volontariat, le recrutement des futurs soldats est modifié en 1793 face à la menace des troupes austro-prussiennes. Tout homme âgé de 18 à 40 ans, célibataire, peut dès lors être appelé à servir son pays. Un nombre défini d'hommes à enrôler, correspondant aux besoins de l'armée à un moment précis, est établi pour chaque département. Afin de les choisir, les autorités locales procèdent à un tirage au sort à partir de listes où figurent les noms des hommes déclarés aptes à combattre. Ceux qui étaient désignés et qui en avaient les moyens pouvaient toutefois payer un remplaçant, qui partait se battre à leur place. C'est le jour du tirage au sort dans la commune de Saint-Florent-le-Vieil (Maine-et-Loire) qu'ont lieu les premières émeutes.

ACTEURS PRINCIPAUX

LES CHEFS VENDÉENS

D'origine roturière ou noble, les premiers ont participé aux soulèvements du 12 mars 1793 suite à la mise en place de la levée en masse par la Convention. Les seconds sont appelés par la suite par les troupes nouvellement formées pour les organiser et les diriger.

Jacques Cathelineau, généralissime vendéen

Né en 1759 dans le département du Maine-et-Loire, Jacques Cathelineau est issu d'une famille de petits notables locaux. Lui-même est voiturier-colporteur tandis que son père et ses frères sont maçons. La famille est fortement ancrée depuis plusieurs générations dans la paroisse et est au centre d'un véritable réseau communautaire étoffé au fil des générations. Jacques Cathelineau, à son tour, s'implique véritablement dans la vie religieuse et politique du village et est souvent appelé pour arbitrer des affaires publiques ou privées. Lors des premières émeutes à Saint-Florent-le-Vieil, au mois de mars 1793, il regroupe derrière lui 27 hommes du Pin-en-Mauge pour marcher sur la commune, parmi lesquels on retrouve surtout des artisans du textile. Certains sont concernés par le tirage au sort, d'autres non, mais suivent Jacques Cathelineau par fidélité. Ils marchent d'abord sur Saint-Florent, puis sur Jallais et Chemillé, recrutant une troupe de paysans sur leur passage et récupérant les armes de leurs ennemis au fil des victoires. C'est à la tête de 3 000 hommes qu'il rejoint Jean-Nicolas Stofflet, avec qui il prend Cholet le 15 mars 1793. Vainqueur des républicains le 5 mai à Thouars, dont il parvient à franchir les remparts avec sa troupe, il occupe Saumur le 9 juin avec Jean Nicolas Stofflet, le comte de La Rochejaquelein et le marquis de Lescure (1766-1793). Le 12 juin, il est nommé généralissime de l'armée catholique et royale par ce dernier et Maurice Gigost d'Elbée (1752-1794). Le 29 juin, il est gravement blessé lors de l'assaut contre Nantes. Sa mort ébranle ses troupes à tel point qu'elles renoncent à poursuivre le combat. Son courage et sa piété le font surnommer « le saint de l'Anjou » et une procédure de canonisation, qui n'a pu être menée à son terme, a même été entamée.

Jean Nicolas Stofflet, général vendéen

Né en 1753 en Meurthe-et-Moselle, Jean Nicolas Stofflet est officier du roi. Il sert d'abord comme instructeur aux gendarmes de Lorraine et, en 1787, son colonel, le comte de Colbert-Maulévrier (1758-1820), l'envoie dans ses terres, en Anjou, pour qu'il y occupe le poste de garde-chasse. Lors des journées de février, alors que doivent être dressées les listes de levée pour les guerres révolutionnaires, il fait partie des émeutiers de Maulévrier et d'Yzernay (Maine-et-Loire) et rejoint les bandes menées par Jacques Cathelineau. Ses hommes et lui se mettent ensuite sous les ordres de Maurice Gigost d'Elbée qui le nomme major général. Il suit le comte de La Rochejaquelein lors de sa marche vers Granville et, à la mort du généralissime, devient commandant de l'armée d'Anjou et du Haut-Poitou. Après la déroute vendéenne de la fin de l'année 1793, il se replie dans son quartier général de la forêt de Vezins. Les tentatives d'alliance avec François Athanase de Charette échouent et le mouvement insurrectionnel n'étant plus de taille à faire face aux républicains, il signe le 2 mai 1795 le traité de Saint-Florent-le-Vieil, qui est à l'avantage des insurgés. Néanmoins, après avoir refusé de suivre François Athanase de Charette au mois d'août et à l'appel du comte d'Artois (Charles de Bourbon, futur Charles X, 1757-1836) de retour d'émigration, il reprend les armes avec le titre de lieutenant général. Mais il est peu suivi par la population et est arrêté par les républicains le 24 février 1796 à la ferme de la Saugrenière, sans doute victime d'un guet-apens ourdi par son conseiller l'abbé Étienne-Alexandre Bernier (1762-1806). Il est fusillé à Angers le lendemain.

Henri du Vergier, comte de La Rochejaquelein, généralissime vendéen

Né en 1772 dans le département des Deux-Sèvres, Henri du Vergier, comte de La Rochejaquelein, entre au régiment de cavalerie Royal-Pologne, aux côtés de son père qui y est colonel. Ce dernier émigre, mais Henri du Vergier reste en France et, en 1791, abandonne les chasseurs de Flandre pour faire partie de la garde constitutionnelle du roi. Il participe à sa défense lors de l'attaque des Tuileries le 10 août 1792.

Après l'arrestation de Louis XVI, il se retire à Clisson (dans l'actuelle Loire Atlantique) sur les terres de son cousin le marquis de Lescure. Fermement monarchiste, il ne prend pas part aux premiers soulèvements du mois de mars 1793, mais est appelé par les insurgés pour prendre la tête de leurs troupes. Ensemble, ils marchent d'abord sur Bressuire, qu'ils prennent le 2 mai, et, rejoignant Charles Melchior Artus de Bonchamps (1760-1793) et Maurice Gigost d'Elbée à la tête de l'armée d'Anjou et du Haut-Poitou, prennent Fontenay (24 mai), Saumur (9 juin) et Chantonnay (4 septembre). Mais le 17 octobre 1793, ils essuient une lourde défaite face aux républicains à Cholet. Le marquis de Lescure, mortellement blessé à la bataille de La Tremblaye, lui confie la fonction de généralissime de l'armée catholique et royale.

À la tête de ces troupes, il passe la Loire pour rejoindre la Bretagne et la Mayenne, espérant y trouver du soutien pour rallier Paris et y rétablir la monarchie. D'abord victorieux, il ne parvient pas à prendre Granville. Contraint de revenir sur ses pas, avec une armée décimée et ravagée par les épidémies et la faim, il essuie de lourdes défaites au Mans (12 décembre 1793) et à Savenay (23 décembre), et perd le reste de ses troupes au passage de la Loire.

Face à l'impossibilité de reconstituer une armée, il continue à s'opposer aux républicains dans des échauffourées. Il meurt en février 1794 à Nuaillé, à l'âge de 21 ans, lors d'une ultime tentative de reprise de Cholet. Il est reconnu par tous, alliés comme adversaires, comme un jeune homme au tempérament fougueux, voire téméraire. Sa jeunesse et sa combativité ont été immortalisées dans le portrait peint par Pierre Narcisse, baron de Guérin (peintre français, 1774-1833).

François Athanase de Charette de la Contrie, généralissime vendéen

Fils d'un petit noble désargenté lui-même issu de la carrière militaire, François Athanase de Charette est né en 1763 en Loire-Atlantique. Il embrasse le métier des armes et entre dans la marine. Son service le mène jusqu'en Amérique et en Russie. Lorsque la Révolution éclate, il émigre un temps en Prusse, mais revient rapidement et soutient la famille royale lors de la journée du 10 août 1792. Arrêté à Angers puis libéré, il rentre chez lui, près de Challans (Vendée). Tout comme le comte de La Rochejaquelein, il ne participe pas de son propre chef aux premières émeutes du mois de mars 1793. Ce sont les paysans du Marais breton qui, après les massacres de Machecoul (massacre des notables républicains de la ville par les insurgés vendéens pendant plusieurs jours), viennent le chercher pour le porter à leur tête. Hésitant d'abord, il finit par accepter et lève une armée à partir de troupes mal armées et mal organisées. Participant à la prise de Saumur et de Nantes avec l'armée catholique et royale du comte de La Rochejaquelein, il se désolidarise ensuite assez vite des autres chefs vendéens, et ne participe pas à la virée de Galerne. Il occupe l'île de Noirmoutier le 12 octobre 1793, position stratégique d'où il espère recevoir des renforts de la part des émigrés et des Anglais. Durant 18 mois, il mène sa propre guerre dans le pays de Retz contre le général républicain François Nicolas Benoît Haxo (1774-1838). Harcelé par ce dernier et éprouvant des difficultés à reconstituer ses troupes, il accepte les conditions du traité de paix de La Jaunaie, qu'il signe le 17 février 1795. Il reprend toutefois les armes dès le mois de juin, au moment du débarquement de Quiberon, qui lui laisse espérer le renfort des armées anglaises et le soutien du comte d'Artois. Mais l'expédition de Quiberon est un échec et la troupe menée par François Athanase de Charette se démantèle peu à peu. Il est arrêté le 24 mars 1796 et fusillé quatre jours plus tard à Nantes.

LES GÉNÉRAUX RÉPUBLICAINS

La Convention réprime les soulèvements de Vendée à l'aide de corps d'armée distincts : l'armée des côtes de Brest et de Cherbourg, l'armée des côtes de la Rochelle, l'armée de Mayence, et enfin l'armée de l'Ouest, spécifiquement créée à partir des précédentes. Les deux premières, chargées de protéger les côtes, sont divisées pour couvrir l'ensemble du théâtre de la révolte, dont les champs de bataille sont disséminés sur le territoire vendéen et bas-breton. Il existe donc plusieurs troupes républicaines, tout comme il n'y a pas qu'une seule armée insurgée, ce qui explique la multiplicité des généraux dans les deux camps.

Jean-Baptiste Kléber, général républicain

Né le 9 mars 1753 à Strasbourg, fils d'un ouvrier terrassier, Jean-Baptiste Kléber s'engage à 16 ans dans le premier régiment de hussards puis dans l'armée autrichienne. Il entre en 1792 dans l'armée du Rhin et s'illustre dans la défense de Mayence. Sa brigade est ensuite envoyée en septembre 1793 pour soutenir les armées de Jean-Baptiste de Canclaux et de Jean-Michel Beysser dans la répression du soulèvement vendéen. Battu à Tiffauges le 19 septembre, il participe à la bataille de Cholet contre l'armée catholique et royale, qu'il met en déroute et force à traverser la Loire. Il éprouve de nombreuses difficultés à contenir les troupes vendéennes sur le chemin de Granville et ne parvient à les défaire que sur leur retour, les décimant jusqu'à la bataille de Savenay (23 décembre 1793). Devenu commandant en chef de l'armée de l'Ouest à la place de François Séverin Marceau (1769-1796), il est remplacé au début du mois de janvier 1794 par Louis Marie Turreau. Quoique peu partisan de la stratégie de ce dernier, il reste en Vendée jusqu'en mai et part ensuite servir dans l'armée du Nord. Il suit Napoléon Bonaparte en Égypte en 1798, y assure le commandement en chef après le départ de ce dernier et est assassiné au Caire le 14 juin 1800.

Louis Marie Turreau, général républicain

Né à Évreux en 1756, Louis Marie Turreau entre dans l'armée comme garde suppléant du corps du comte d'Artois. Fervent révolutionnaire dès 1789, il combat aux frontières du nord à partir de 1792 à la tête des volontaires de l'Eure puis intègre l'armée de Moselle. Appelé en juin 1793 pour intégrer l'armée des côtes de La Rochelle, il rechigne à s'y rendre, y reste quelques semaines avant d'être nommé à la tête de l'armée des Pyrénées orientales qui combat l'Espagne. À nouveau nommé en août 1793 à la tête de la nouvelle armée de l'Ouest, il ne se rend sur place qu'en décembre, alors que les Vendéens ont été écrasés à Savenay. Hésitant sur les méthodes de pacification à employer et face au silence de la Convention et des représentants en mission auxquels il fait appel, il opte, en s'appuyant sur les décrets d'anéantissement pris par la Convention en août et octobre 1793, pour une répression féroce. Il organise ses troupes en colonnes et massacre entre 20 000 et 40 000 personnes entre les mois de janvier et d'avril. Mais l'impopularité grandissante de ses méthodes extrêmes et son incapacité à mettre fin au mouvement de rébellion le font suspendre de ses fonctions le 13 mai

1794. Arrêté le 28 septembre après la chute de Robespierre et amnistié le 19 novembre, il intègre l'armée de Sambre-et-Meuse en 1797. Tour à tour commandant de l'armée du Valais en Suisse, puis de l'armée du Danube sous le Consulat, il est nommé ambassadeur aux États-Unis sous l'Empire, et sera fait baron par Napoléon Ier. Nommé chevalier de l'ordre de Saint-Louis par Louis XVIII (1755-1824), il meurt retiré dans sa propriété normande de Conches en 1816.

Lazare Hoche, général républicain

Né à Versailles en 1768, Lazare Hoche est le fils d'un palefrenier des écuries royales. Occupant lui-même cette fonction à l'âge de 14 ans, il s'engage deux ans plus tard comme soldat dans les gardes françaises. Rapidement reconnu pour ses qualités, il reçoit le commandement de l'armée de Moselle en 1793, après avoir défendu Dunkerque contre les Anglais. Combattant contre l'armée austro-prussienne, il est incarcéré à Paris au mois de mars 1794 pour trahison à cause de son appartenance au club des Cordeliers (club révolutionnaire). Libéré en août 1794 après la mort de Robespierre, il est placé à la tête de l'armée de l'Ouest. Tranchant avec les méthodes de ses prédécesseurs, il pacifie la Vendée et parvient à contenir la révolte chouanne en obtenant les faveurs de la population.

Lazare Hoche contribue à la signature du traité de La Jaunaie avec François Athanase de Charette, de celui de La Prévalaye avec une partie de la chouannerie (avril 1795), et celui de Saint-Florent avec Jean Nicolas Stofflet. Il triomphe lors du débarquement des émigrés et du soulèvement de François Athanase de Charette à Quiberon (21 juillet 1795). Envoyé en Irlande pour participer à un débarquement contre les Anglais, il échoue et est nommé général en chef de l'armée de Sambre-et-Meuse en février 1797. Victorieux à de nombreuses reprises des troupes austro-prussiennes, il est nommé ministre de la Guerre, mais décide de retourner en Allemagne. Il y meurt subitement à l'âge de 29 ans, en 1797.

LA CHOUANNERIE ET L'INSURRECTION VENDÉENNE

Bien que la chouannerie et l'insurrection vendéenne aient des points communs (tels que les causes des révoltes et la composition des troupes) et qu'elles aient pu se soutenir et participer ensemble à certaines batailles, il ne faut pas les confondre. D'abord parce qu'elles ne concernent pas les mêmes régions : la révolte vendéenne naît au sud de la Loire, tandis que la chouannerie concerne le Maine, la Bretagne, la Basse-Normandie et une partie de la Touraine. Ensuite parce qu'elles ne sont pas organisées de la même manière : moins aristocratique, moins encadrée, la chouannerie n'est pas une armée, au contraire des troupes vendéennes, mais davantage une série de bandes menées par des chefs locaux. Enfin parce que les moyens d'action sont différents : la chouannerie est peu armée et ses opérations consistent essentiellement en ce que l'on qualifierait aujourd'hui de guérillas : harcèlement, embuscades, attaques surprises, assassinats, etc. Un premier traité de paix est signé entre les républicains et les chouans en avril 1795 (traité de La Prévalaye), mais, comme les Vendéens, les chouans se soulèvent encore régulièrement tout au long de la première moitié du XIXe siècle.

ANALYSE DE LA GUERRE

LE SOULÈVEMENT VENDÉEN ET LA MARCHE TRIOMPHALE

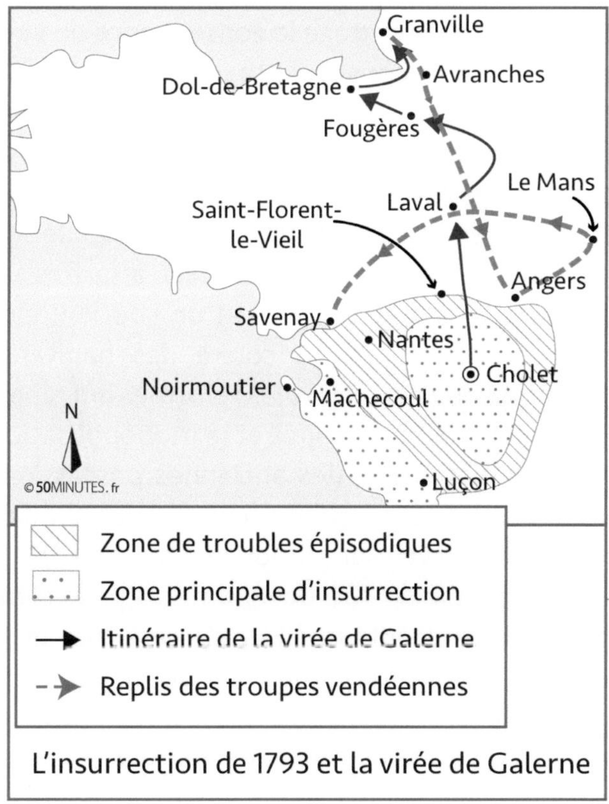

L'insurrection de 1793 et la virée de Galerne

En 1789, les populations de l'Ouest de la France, comme partout dans le pays, participent activement à la rédaction de cahiers de doléances. Sans être d'ardents défenseurs de la Révolution qui débute à Paris, les territoires vendéen et breton ne s'y opposent pas non plus. Les premiers mouvements de contestation qui éclatent dans la région sont davantage la conséquence du vote par l'Assemblée constituante de la Constitution civile du clergé, le 12 juillet 1790. Dans les régions qui bordent la Loire et les rives de l'Atlantique, la majorité des prêtres refuse de prêter serment et est massivement soutenue par une population pour qui la religion catholique est à la fois un lien entre les communautés et un soutien pour les plus défavorisés. La colère des habitants s'intensifie peu à peu avec les réformes qui répartissent injustement l'impôt et la monopolisation des biens nationaux (les anciennes possessions de l'Église) par les familles les plus riches. Mais lorsque la Convention décide, en janvier 1793, la levée en masse de 300 000 hommes pour combattre sur les fronts de l'Est, c'en est trop et la décision attise le feu d'une population déjà prête à se soulever. Alors, le 12 mars 1793, plusieurs milliers de personnes envahissent Saint-Florent-le-Vieil. Dans la commune de Machecoul, la situation est également critique : le personnel républicain, les prêtres assermentés, les officiers municipaux et les gardes nationaux sont tous massacrés par une insurrection. Le 14 mars, Jallais est prise par 300 à 400 hommes à la tête desquels se trouvent Jacques Cathelineau et le 15, près de 10 000 hommes envahissent Cholet, défendue par seulement 400 gardes nationaux. Le 19 mars, la colonne républicaine de 3 000 soldats dirigée par le général Louis Henri François de Marcé (1731-1794) est mise en pièces lors de la bataille de Pont-Charrault.

Tandis qu'en Bretagne le calme est vigoureusement rétabli par les troupes de l'armée des côtes de Brest de Jean-Baptiste de Canclaux, au sud de la Loire, dans ce qui est très vite surnommé la « Vendée militaire », les bandes du pays de Retz et d'Anjou, fortes de leurs victoires, se regroupent. Elles portent à leur tête des nobles de la région, souvent d'anciens officiers, afin d'organiser de véritables armées :

- l'armée catholique et royale d'Anjou et du Haut-Poitou menée par Jacques Cathelineau, Jean-Nicolas Stofflet, Charles de Bonchamps,

Maurice Gigost d'Elbée, le comte de La Rochejaquelein et par le marquis de Lescure ;
- l'armée du centre dirigée par Charles de Royrand (chef vendéen, 1731-1793), Charles-Henri comte Sapinaud de la Rairie (1760-1829) et son oncle, le chevalier Louis Sapinaud de la Verrie (1738-1793) ;
- l'armée du pays de Retz sous les ordres de François Athanase de Charette.

Les mois d'avril et de mai sont encore marqués par les victoires vendéennes face aux troupes des généraux Jean-François Berruyer (1741-1804) et François Leigonyer (1740-après1804). Les républicains affaiblis et en infériorité numérique battent en retraite face à la marche triomphale des troupes vendéennes qui se poursuit tout au long du printemps : Thouars tombe le 5 mai, Parthenay cinq jours plus tard et Saumur le 10 juin, faisant 400 morts dans les rangs des Bleus (surnom issu de la couleur de l'habit ré-publicain) et une soixantaine dans le camp des Blancs (de la couleur du drapeau des royalistes, symbolisant la monarchie).

Parallèlement, la Convention durcit la répres-sion des émeutes et envoie entre 40 000 et

70 000 hommes combattre en Vendée dès le printemps 1793. Le 29 juin, les troupes de François Athanase de Charette, puis celles de Charles de Bonchamps, de Maurice Gigost d'Elbée et celles de Jacques Cathelineau arrivent en désordre sur les routes menant à Nantes. Le maire de la ville, René Gaston Baco de La Chapelle (1751-1800), soutenu par ses administrés, avait refusé de se rendre lors de l'ultimatum lancé par les insurgés quelques jours plus tôt. Les gardes républicains venus le défendre sont rapidement soutenus par les hommes des généraux Jean-Michel Beysser et par ceux de Jean-Baptiste de Canclaux. Malgré leur large supériorité numérique (50 000 Vendéens contre 12 000 républicains), les Vendéens, mal coordonnés et démoralisés par la mort de Jacques Cathelineau survenue au cours du combat battent en retraite.

LA VIRÉE DE GALERNE

Aussitôt, la Convention mobilise ses forces et envoie à l'Ouest des régiments d'élite, dont l'armée de Mayence, commandée par Jean-Baptiste Kléber et François Séverin Marceau, qui parade à Nantes le 3 septembre 1793. Avec ces nouvelles troupes et la réorganisation des armées des côtes de la Rochelle et de Brest naît l'armée de l'Ouest. Après la surprise et les hésitations, il est désormais temps de venir à bout de l'insurrection vendéenne. Celle-ci se défend encore, remportant la bataille de Tiffauges (19 septembre 1793) contre Jean-Baptiste Kléber et celle de Montaigu (21 septembre) contre Jean-Michel Beysser. Mais, tandis que le 12 octobre François Athanase de Charette s'empare de Noirmoutier, le 17 les 40 000 hommes de Maurice Gigost d'Elbée, de Charles de Bonchamps, de Jean-Nicolas Stofflet, et du comte de La Rochejaquelein subissent une terrible défaite à Cholet. En début d'après-midi, les Vendéens avancent en masse sur la ville et mettent le feu aux genêts pour dresser un épais écran de fumée entre eux et leurs ennemis, empêchant ces derniers de viser correctement. Les républicains, qui comptent un peu plus de 25 000 soldats, se replient un temps sur la cité, permettant à Jean-Baptiste Kléber de réorganiser son dispositif. Il peut ainsi prendre à revers les Vendéens qui s'enfuient vers la Loire. Pendant l'assaut, Charles de Bonchamps est mortellement blessé et décède le lendemain. Maurice Gigost d'Elbée, également blessé, reste dans le Marais avec François Athanase de Charette, tandis que commence pour les autres troupes vendéennes une longue marche de deux mois au nord de la Loire. Surnommée la « virée de Galerne », du nom d'un vent du nord, elle a pour but de rallier la Bretagne, la Mayenne et les Anglais à la cause vendéenne, voire de marcher sur Paris. Dans la nuit du 18 au 19 octobre, le comte de La Rochejaquelein fait ainsi traverser la Loire à près de 100 000 combattants et civils.

LA VIRÉE DE GALERNE

La virée de Galerne n'a pas concerné que des combattants. En effet, parmi les quelques 100 000 personnes qui ont traversé la Loire vers le Nord en octobre 1793, il y a avait aussi les familles des soldats : femmes, enfants, vieillards et prêtres ont suivi le généralissime sur les routes. Parmi eux, Madame de la Rochejaquelein, épouse du général de Lescure puis du frère du généralissime Henri de la Rochejaquelein, qui raconte cette épopée dans ses Mémoires, qu'elle rédigera de 1798 à 1803.

L'armée royaliste remporte de nouvelles victoires au cours de sa longue marche vers Granville : elle prend Laval le 22 octobre et vainc les Bleus à Entrammes, Fougères, Pontorson et Avranches. Mais arrivée à Granville, elle subit le 14 novembre une importante défaite. Ne disposant d'aucun matériel de siège, les 25 000 hommes du comte de La Rochejaquelein et de Jean-Nicolas Stofflet éprouvent des difficultés à entrer dans la forteresse. Lorsqu'une poignée de Vendéens y parvient, la panique s'empare d'eux sans raison apparente et gagne très vite le reste des troupes déjà désappointées par l'absence des renforts britanniques tant attendus. Les Blancs se replient alors sur Avranches. Malgré les exhortations du comte de La Rochejaquelein, ses hommes ne veulent plus avancer et souhaitent rentrer en Vendée. Leur désir est renforcé le 21 novembre quand, alors que l'armée de l'Ouest reconstituée après sa défaite à Entrammes affronte à Dol-de-Bretagne les troupes vendéennes, près d'un millier des leurs sont massacrés par les républicains dans les environs d'Avranches. Si les Vendéens remportent sur le chemin du retour quelques victoires face aux républicains, leur état physique et moral se dégrade de plus en plus. Les populations des régions qu'ils traversent s'acharnent également contre eux, en partie par peur des maladies dont ils sont porteurs (typhus et choléra). Dès lors, ces troupes épuisées, affamées et malades décident de suivre Jean-Nicolas Stofflet, qui souhaite emprunter le chemin le plus court pour rentrer. Leur itinéraire passe par Angers, dont le siège effectué par 20 000 Vendéens contre 4 000 républicains est un cuisant échec pour les insurgés. Au Mans, le 13 décembre, les hommes de François Joseph Westermann (général français, 1751-1794) et de François Séverin Marceau, suivis de Jean-Baptiste Kléber, écrasent ceux du comte de La Rochejaquelein. Celui-ci parvient toutefois à s'enfuir, mais de nombreuses familles restées dans la ville sont massacrées pendant deux jours, malgré les tentatives de protection des généraux républicains, faisant entre 5 000 et 10 000 victimes. François Joseph Westermann poursuit l'armée catholique et royale en fuite, massacrant systématiquement les retardataires. 4 000 Vendéens parviennent à franchir la Loire le 16 décembre, derrière le comte de la Rochejaquelein et Jean-Nicolas Stofflet avant que les républicains ne leur coupent le passage, laissant derrière eux environ 5 000 personnes qui, rabattues sur Savenay, y sont une nouvelle fois massacrées par les troupes des généraux français.

L'ÉCRASEMENT DE LA VENDÉE

François Athanase de Charette et l'armée du pays de Retz fuient également devant les troupes républicaines, tentant de gagner la région d'Anjou afin de renforcer leurs troupes. Or, il ne parvient pas à convaincre le marquis de La Rochejaquelein, dont les hommes peinent à se remettre des derniers événements. Au mois de janvier 1794, alors qu'il essaie de défendre l'île de Noirmoutier avec le soutien de Maurice Gigost d'Elbée face aux troupes du général François Nicolas Benoît Haxo, il décide finalement de se rendre, à la condition que ses hommes aient la vie sauve. Confiant en la parole du général républicain, il rend les armes. Mais les représentants en mission passent outre et ordonnent l'exécution de tous les prisonniers. Parmi eux se trouve le général Maurice Gigost d'Elbée qui est fusillé le 6 janvier.

Depuis l'automne 1793, les troupes républicaines mènent une véritable guerre d'anéantissement et de destruction totale : les Vendéens, combattants comme civils, sont systématiquement massacrés ; les terres sont brûlées ; les villes pillées. Écrasées militairement lors des batailles, les populations le sont aussi par une politique de répression visant à l'extermination de tout individu jugé suspect.

Entre novembre 1793 et février 1794, à Nantes, le représentant en mission Jean-Baptiste Carrier, soucieux de vider les prisons des insurgés et des prêtres réfractaires qui y sont entassés, fait fusiller 6 000 personnes et en fait noyer près de 4 000 dans la Loire. À Angers, Marie Pierre Adrien Francastel (1761-1831) est tout aussi impitoyable, décidé à dépeupler la Vendée militaire et à en faire un désert, il ordonne l'exécution par fusillade et par décapitation de 3 000 personnes.

Le général Louis Marie Turreau, nommé commandant de l'armée de l'Ouest en novembre, arrive sur place fin décembre et remplace le général François Séverin Marceau. Sa première intention était de décréter l'amnistie et la pacification, mais n'obtenant aucune réponse de la part de la Convention, il décide de suivre la ligne de conduite fixée initialement par cette dernière : en finir avec la Vendée. Ne voulant pas prendre seul la décision de massacrer non seulement les hommes, mais aussi les femmes et les enfants, il demande l'aval des représentants en mission, qui restent muets. C'est donc dans le silence des autorités conventionnelles que les 12 colonnes qu'il a organisées sillonnent de janvier à fin avril les territoires insurgés, en particulier les Mauges et le pays de Retz, incendiant les villages et exterminant toute population suspectée de sympathie pour les Blancs. Les colonnes infernales font environ 40 000 victimes en quatre mois.

LES DERNIERS SURSAUTS

Malgré cela, l'anéantissement escompté et la reddition complète de la Vendée n'ont pas lieu. Les populations qui fuient les colonnes de Louis Marie Turreau se rallient aux chefs insurgés encore actifs. Des affrontements éclatent alors entre les troupes insurgées et les colonnes républicaines, en particulier dans la région de Cholet. Le comte de La Rochejaquelein y perd la vie le 28 janvier 1794 et, le 8 février, Jean-Nicolas Stofflet, qui a réussi à prendre la ville, décède à son tour. Louis Marie Turreau, estimant que Cholet est le nœud de la résistance vendéenne, livre la région à la destruction totale.

Mais les choses commencent à changer à Paris et à la Convention : les méthodes de répression utilisées par les représentants en mission et les colonnes de Louis Marie Turreau divisent l'opinion. Ce dernier est alors suspendu en mai, époque à laquelle Jean-Baptiste Carrier rentre également à Paris. Avec la chute de Robespierre en juillet 1794, la politique n'est plus à la Terreur, mais à la pacification. Les responsables des massacres de Nantes sont jugés à l'automne et Jean-Baptiste Carrier est guillotiné le 16 décembre 1794. Les représentants en mission sont remplacés, ainsi que les chefs militaires. Dès lors, les généraux Jean-Baptiste de Canclaux – de retour après une disgrâce temporaire – et Lazare Hoche, à la tête de l'armée de l'Ouest depuis le mois d'août 1794, n'ont de cesse, tout en combattant les dernières armées vendéennes, de mettre fin aux exactions commises à l'encontre des civils. La nouvelle stratégie consiste désormais à gagner leur confiance grâce aux amnisties, aux réparations, au rétablissement de la liberté des cultes et à la dispense de participation aux levées militaires. Les soulèvements perdent ainsi toute raison d'être et, le 17 février 1795, un premier accord de paix, le traité de La Jaunaie, est signé.

Jean-Nicolas Stofflet, qui refuse d'y prendre part, tente une nouvelle levée de troupes, mais échoue dans son entreprise et finit par signer l'accord en mai 1795.

L'insurrection vendéenne connaît malgré tout encore quelques sursauts : dès l'été 1795, François Athanase de Charette, dont l'espoir d'une restauration de la monarchie est ravivé par la constitution d'une nouvelle armée formée par les émigrés autorisés à revenir sur le territoire depuis le mois de janvier grâce au soutien des Britanniques et au renfort des chouans, reprend les armes. Mais ils sont défaits par Lazare Hoche lors de la bataille de Quiberon. L'expédition de l'île d'Yeu, durant laquelle François Athanase de Charette devait rejoindre le comte d'Artois est également un échec : ne le voyant arriver, le comte rejoint l'Angleterre et le chef vendéen l'attend en vain. Jean-Nicolas Stofflet, qui a repris les armes pour l'occasion, continue les engagements, mais les Vendéens abandonnent progressivement leurs chefs, harcelés par les troupes de Lazare Hoche. Tous les hommes à la tête de l'insurrection finissent par tomber : Jean-Nicolas Stofflet est arrêté le 24 février 1796 et fusillé le lendemain ; le 23 mars, après avoir livré avec une cinquantaine d'hommes une dernière bataille à la Guyonnière, François Athanase de Charette se rend et est fusillé à Nantes le 29 mars. Ainsi, la Vendée rentre peu à peu dans le calme.

RÉPERCUSSIONS DE LA GUERRE

DE NOUVELLES ÉMEUTES

Si elle est pacifiée en 1796, la Vendée se soulève encore de façon sporadique. En 1799 d'abord, suite à l'annulation des élections qui avaient vu la victoire des royalistes et à répression des prêtres réfractaires, émeute rapidement circonscrite par les efforts conjugués du général Guillaume Marie Anne Brune (1763-1815) et du premier consul Napoléon Bonaparte, permettant la signature de la paix en janvier 1800. Au printemps 1815, la population se soulève à nouveau contre Napoléon Ier lors des Cent-Jours (20 mars-22 juin 1815), aidée cette fois par les chouans.

Vingt ans plus tard, lorsque la duchesse de Berry tente de renverser la monarchie de Juillet, qui a mis sur le trône la branche cadette des Bourbons, au profit des légitimistes (parti en faveur de la branche aînée), c'est en Vendée qu'elle se rend, sûre d'obtenir le soutien de l'armée catholique et royale reformée à cette occasion. Le soulèvement est un échec, mais la Vendée reste le symbole de l'attachement à l'Ancien Régime.

UN PEUPLE DIVISÉ

Si la Vendée donne l'image d'un territoire uni dans l'opposition à la République, dans les faits la situation est évidemment plus complexe. On peut en effet trouver parmi la population des républicains ainsi que des personnes qui refusent de prendre parti pour l'une ou l'autre cause. Dès le début du soulèvement et les attaques perpétrées par les insurgés à l'encontre des notables et des autorités républicaines, ce sont donc des milliers de personnes qui fuient le théâtre des combats. Ces réfugiés de la guerre de Vendée s'installent alors à Saumur, Angers, Nantes, Niort et parfois même plus loin dans le territoire, posant la question de l'intégration puis celle du retour.

En outre, chaque étape de la répression et de la pacification de la Vendée a participé à l'élaboration de la jeune première République française. D'abord parce que le soulèvement pose la question du sentiment national. Alors que Paris et certaines grandes villes sont engagées dans la Révolution, désireuses de voir les choses changer, la Vendée témoigne de l'attachement d'une grande partie de la population aux anciennes structures locales ancrées dans leur quotidien. Face à ce soulèvement, qui avant d'être royaliste est avant tout contre une République qui n'apporte pas la justice et menace de détruire une sociabilité construite autour du culte catholique, la République ne sait d'abord comment réagir, prise de cours par ce qu'elle ne pensait être que des jacqueries et qui devient une guerre civile. La Vendée devient alors le symbole d'une révolution dévoyée, celle de la Terreur, et le procès de Jean-Baptiste Carrier est celui de la République de l'an II par celle de Thermidor. Elle montre à quel point il est complexe d'une part de réunir tout un peuple autour d'une même vision, qu'elle soit politique ou religieuse, et d'autre part de définir un nouveau régime et une nouvelle nation.

Enfin, si le problème de la conception de l'esprit de la Révolution et des moyens de sa diffusion – ou de son imposition – est souligné crûment par la guerre de Vendée dès son commencement, il traverse les siècles. Aujourd'hui, la controverse au sujet d'un génocide vendéen fait ressurgir dans la mémoire cet épisode de la Révolution française. Si Gracchus Babeuf (1760-1797), révolutionnaire français aux idées communistes, parle dès 1794 d'un système de dépopulation, utilisant les termes de « populicide » ou de « nationicide », la notion de génocide appliquée à la Vendée divise les historiens. Pour certains, dont Reynald Secher (né en 1955) ou encore Pierre Chaunu (1923-2009), la définition juridique du génocide s'applique tout à fait à la Vendée. D'autres, comme François Lebrun (1923-2013) ou Jean-Clément Martin (né en 1948), réfutent le discours et la démarche historique menés par les premiers. Ainsi, deux siècles après les faits, la guerre de Vendée reste un enjeu politique et mémoriel de premier plan.

Les Vendéens, comme les républicains, ont glorifié leurs combats au travers des arts et de la peinture en particulier. Si les chefs de l'insurrection ont été immortalisés dans une série de tableaux commandés par la Maison du roi en 1816, le peintre Jacques-Louis David (1748-1825) fixe pour la postérité la mort de Joseph Bara (1779-1793), symbole de la résistance républicaine à la vague royaliste de l'Ouest. La légende dit que ce jeune garçon âgé de 14 ans, fils d'un garde-chasse, serait mort sous les coups des insurgés en répondant « Vive la République » à ses bourreaux qui le sommaient de crier « Vive le roi ».

EN RÉSUMÉ

1789
Révolution française

1792
20 avril : La France déclare la guerre à l'Autriche ;
début de la guerre de la 1re coalition
22 sept. : Proclamation de la République

1793
21 janv. : Exécution de Louis XVI
12 mars : Soulèvement de la Vendée
29 juin : Bataille de Nantes
Oct.-nov. : Virée de Galerne

1794
Janv.-mai : Opérations des colonnes infernales

1795
17 févr. : Premier accord de paix

1796
23 mars : Fin de la guerre de Vendée

1797
18 oct. : Fin de la guerre de la 1re coalition

- La France révolutionnaire réforme en profondeur les structures sociales, religieuses et politiques de la société, suscitant des oppositions plus ou moins violentes.
- En guerre contre les monarchies européennes, la nouvelle république lève en masse des troupes parmi une population dont le mécontentement est grandissant.
- En mars 1793, deux mois après l'exécution du roi Louis XVI et suite à une levée militaire ordonnée par la Convention, la Vendée se soulève.
- Menées par Jacques Cathelineau, Jean Nicolas Stofflet, Henri de La Rochejaquelein, François Athanase de Charette, les troupes vendéennes combattent les troupes républicaines des généraux Jean-Michel Beysser, Jean-Baptiste Kleber, Lazare Hoche et Louis Turreau.
- Le 1ᵉʳ août et le 1ᵉʳ octobre 1793, la Convention vote deux décrets d'anéantissement de la Vendée militaire.
- Après la mise en déroute des Vendéens lors de leur « virée de Galerne », les représentants en mission, tels Jean-Baptiste Carrier à Nantes ou le général Louis Marie Turreau, se livrent au massacre de la population.

- Après quelques sursauts, la Vendée est pacifiée. Deux siècles après les faits, la controverse
revient sur la guerre de Vendée, soulevant la
question du génocide.

POUR ALLER PLUS LOIN

SOURCES BIBLIOGRAPHIQUES

- BIARD (Michel), BOURDIN (Philippe), MARZAGALLI (Silvia), 1789-1815. *Révolution, Consulat, Empire. Histoire de France*, Paris, Belin, 2009.

- GABORY (Émile), *Les guerres de Vendée*, Paris, Robert Laffont, 2009.

- MARTIN (Jean-Clément), *Contre-Révolution, Révolution et Nation en France. 1789-1799*, Paris, Seuil, coll. « Points Histoire », 1998.

- MARTIN (Jean-Clément), *La Vendée et la Révolution*, Paris, Perrin, coll. « Tempus », 2007.

- PETITFRÈRE (Claude), *La Vendée et les Vendéens*, Paris, Gallimard/Julliard, 1981.

- PETITFRÈRE (Claude), *Les Vendéens d'Anjou*, Paris, Bibliothèque Nationale de France, 1981.

- ROLLAND-BOULESTREAU (Anne), *Les notables des Mauges. Communautés rurales et Révolution (1750-1830)*, Rennes, Presses universitaires de Rennes, 2004.

- TILLY (Charles), *La Vendée. Révolution et contre-révolution*, Paris, Fayard, 1970.

SOURCES COMPLÉMENTAIRES

- BABEUF (Gracchus), *La guerre de Vendée et le système de dépopulation*, Paris, Cerf, 2008.

- BIARD (Michel), « L'avant-guerre de Vendée. Les questions religieuses à l'Assemblée législative », in *Annales historiques de la Révolution française*, n°339, janvier-mars 2005, consulté le 12 octobre 2013.
http://ahrf.revues.org/2168

- HERVÉ (Bruno), « Noyades, fusillades, exécutions : les mises à mort des brigands entre justice et massacres en Loire-Inférieure en l'an II », in *La Révolution française*, consulté le 12 octobre 2013.
http://lrf.revues.org/209

- HIPPLER (Thomas), « Service militaire et intégration nationale pendant la Révolution française », in *Annales historiques de la Révolution française*, n°329, juillet-septembre 2002, consulté le 12 octobre 2013.
http://ahrf.revues.org/662

- LEBRUN (François), « La guerre de Vendée : massacre ou génocide ? », in *L'Histoire*, n°75, 1985, p. 93-99.

- LEBRUN (François), « Reynald Sécher et les morts de la guerre de Vendée », in *Annales de Bretagne et Pays de l'Ouest*, 1986, n°3, p. 355-360.

- MARTIN (Jean-Clément), « À propos du "génocide vendéen". Du recours à la légitimité de l'historien », in *Sociétés contemporaines*, n°39, 2000, p. 23-38.

- MARTIN (Jean-Clément), « Sur le traité de paix de La Jaunaye, février 1795. Les conditions d'un compromis », in *Annales de Bretagne et des pays de l'Ouest*, t. 104, n°1, 1997, p. 73-88.

- SÉCHER (Reynald), *La Vendée-Vengé. Le génocide franco-français*, Paris, Perrin, 2006.

- PETITFRÈRE (Claude) et MASSE (Myriam), « Les réfugiés de la "Vendée" à Angers (1793) », in *Annales de Bretagne et des pays de l'Ouest*, t. 99, n° 4, 1992, p. 371-381.

LITTÉRATURE

- LA ROCHEJAQUELEIN (Marie-Louise-Victoire de), *Mémoires* (1772-1857), 1814.

- CHATEAUBRIAND (François-René de), *Mémoires d'outre-tombe*, 1848-1850.

- VERNE (Jules), *Le Comte de Chanteleine*, 1864.

- SAND (George), *Cadio*, 1867.

- HUGO (Victor), *Quatrevingt-treize*, 1874.

- RAGON (Michel), *Les Mouchoirs rouges de Cholet*, 1983.

- BERNET (Anne), *Monsieur de Charette*, Perrin, 2000.

MUSÉES ET BÂTIMENTS COMMÉMORATIFS

- Historial de la Vendée, Les Lucs-sur-Boulogne (France).

- Le logis de la Chabotterie (lieu d'arrestation de Charrette), Saint-Sulpice-le-Verdon (France).

- Le Musée d'art et d'histoire, Cholet (France).

- Le Musée du château de Noirmoutier, Noirmoutier-en-l'Île (France).

- Le Parcours historique, visite balisée de la ville de Montaigu (France).

- Le refuge de Grasla (reconstitution de la vie de réfugiés en forêt pendant l'hiver 1794), Les Brouzils (France).

Votre avis nous intéresse !
Laissez un commentaire sur le site de votre
librairie en ligne et partagez vos coups de cœur sur
les réseaux sociaux !